PORTES PROVENÇALES

Introduction
Marie-Cécile Febvre

Photographies
Matthieu Flory

Editions Ereme

Dans la même collection :

Portes parisiennes (2006)
Portes bruxelloises (2007)

EAN : 9782844981196
Dépôt légal : avril 2008

PORTES PROVENÇALES

Marie-Cécile Febvre

Découvrir les plus belles portes de Provence est l'occasion d'un plaisant vagabondage à la recherche des ses différents visages. Région ensoleillée, dont la lumière si particulière a inspiré de nombreux peintres, la Provence est loin d'être uniforme, surtout de nos jours. De Marseille, ville portuaire et populaire à Avignon, ancienne ville papale devenue capitale du théâtre, de nombreux villages plus intemporels viennent compléter la mosaïque de ses paysages. Ainsi Simiane et Forcalquier nous ouvrent à une Provence plus secrète, plus rustique puisque ces villes annoncent les montagnes des Alpes. On y découvre donc une architecture austère alors qu'à quelque cent kilomètres, Aix-en-Provence baigne dans une atmosphère à la fantaisie toute baroque. Arles, quant à elle, soigne fortement son identité camarguaise et a gardé une simplicité et une fraîcheur de ville ouvrière, tout en bénéficiant d'un embourgeoisement qui a enrichi son architecture aux XVIIe et XVIIIe siècles de beaux hôtels particuliers. Ces multiples facettes de la Provence se révèlent ainsi à travers les portes, puisque celles-ci représentent un élément primordial de l'architecture d'une ville.

La porte recèle des symboliques fortes, et ce dans toutes les cultures. Ainsi, dans l'Antiquité romaine, Janus, le dieu des portes, bénéficiait d'une identité paradoxale : le dehors et le dedans, le passé et l'avenir. Objet mouvant dans l'immobilité de la façade, lieu de passage, elle sépare la quiétude des espaces intimes de l'extérieur bruyant et hostile. Ainsi, la porte offre une protection car, comme le dit ce proverbe néerlandais, « la porte ouverte appelle le voleur », elle doit donc être fermée voire verrouillée (antan, un simple couteau répondait à cette fonction), et sert à contrôler la circulation des gens et l'accès aux biens personnels. Mais encore une fois, sa fonction n'est pas unique, et si une porte permet de se protéger des regards étrangers, elle a aussi pour but de représenter la puissance de la maison en fonction de l'impression que l'on cherche à faire sur les passants ou sur ses visiteurs. De sorte que la porte a longtemps été un objet travaillé comme une véritable œuvre d'art, et ainsi extrêmement poétique.

En regard des portes parisiennes ou bruxelloises, dont le style décoratif s'étale sur de nombreuses époques, allant du roman au style contemporain en s'attardant plus particulièrement sur l'art Nouveau ou l'art Déco, les portes provençales peuvent sembler peu variées dans leur matériau ou dans leur couleur, la plupart étant en bois brut ou verni. En revanche, l'omniprésence de portes anciennes révèle leur intérêt et leur importance dans l'architecture provençale. Dans une région régulièrement visitée par les touristes, dont les grandes villes s'étendent de plus en plus, conserver ainsi des traces du passé dans des éléments du quotidien est un choix qui en réfère directement à l'identité de cette région.

Toutes manifestent un savoir-faire artisanal remarquable : qu'elles ornent un hôtel particulier ou une simple maison de village, qu'elles soient sculptées aux armes du roi René, ou plus simplement cloutées, elles n'ont plus à prouver, par leur résistance au temps, la qualité de leur façon. Elles nous rappellent aussi leur rôle fonctionnel : signaler un visiteur, grâce à des heurtoirs bruyants, mais que l'on cherchait à rendre décoratifs. Certains sont donc incroyablement poétiques, comme ces délicates mains féminines détachées de leur corps, ou d'autres plus virils, qui obligent le visiteur à saisir des cerceaux entre les crocs acérés d'un lion. Sous leur apparente sobriété, ces portes révèlent donc à l'observateur attentif des trésors rares en France, plus encore si l'on s'attache à observer l'encadrement des portes provençales. On trouve ainsi à Aix-en-Provence la superbe porte à arc clavé de l'hôtel Croze de Peyronetti, rue Aude, dont les guirlandes sculptées contrastent, dans un style des plus baroques, avec la rusticité étudiée de l'encadrement piqueté qui s'étend sur le reste de la façade. Cette dernière est étonnante car si on lève les yeux, on découvre en haut de la bâtisse une frise étonnamment morbide constituée de crânes de taureaux sculptés dans la pierre.

Observer les portes nous replonge également dans l'histoire de la Provence : dans les grandes villes de cette région, et en particulier à Aix-en-Provence, la métamorphose urbaine des XVIIe et XVIIIe siècles a amené une modernisation de l'espace adaptée à une élite de parlementaires et de propriétaires fonciers qui ont fait appel à des architectes inventifs. Ceux-ci, ayant comme mot d'ordre de manifester la fonction et la richesse des possédants, entreprenaient de moderniser une ancienne bâtisse en lui donnant une nouvelle porte avant de revoir l'aménagement intérieur. Certains, poussant cet effet à l'extrême, inventèrent un modèle de porte monumentale couplée à un balcon, véritable chef-d'œuvre d'architecture d'ostentation. Le Cours Mirabeau, à Aix-en-Provence, se voit orné de magnifiques hôtels particuliers qui contribuent à la beauté de la ville. L'un d'eux, l'hôtel Maurel-de-Pontevées, édifié au milieu du XVIIe, possède une porte incroyable, dont la corniche est soutenue par deux atlantes barbus. Cet ornement baroque fascine immanquablement les badauds et hante l'imagination des enfants : ces deux atlantes semblent souffrir, à l'image d'Atlas qui porte le poids du ciel sur ses épaules, et leurs visages ombrageux nous signalent que, peut-être, eux aussi se sont vus imposer ce lourd fardeau qu'ils soutiennent de la tête et des mains.

D'autres portes plus discrètes incitent à arpenter des villages éloignés, à l'atmosphère plus rustique, qui rappellent le passé paysan de cette région. De Simiane à Saignon, une multitude de petits villages escaladant des pics rocheux regorgent de portes étranges, certaines ayant par exemple le battant droit coupé à moitié par le mur. On peut supposer qu'il s'agit de la porte d'une ancienne boutique, dont le vantail droit s'ouvrait à hauteur de la taille afin que les clients passent commande. En observant ces éléments d'architecture du quotidien, on peut ainsi mesurer la distance qui nous sépare de cette époque, dont les us et coutumes sont à présent source de conjecture. Leur présence témoigne également de l'attachement de la population à son héritage traditionnel : en se promenant dans ces hameaux hors saison, on pourrait parfois se croire plongé dans une époque lointaine, abstraction faite des quelques terrasses de café.

Les époques moderne et contemporaine semblent moins s'intéresser aux portes dans cette région, mais l'on trouve cependant ici et là quelques éléments étonnants, qui s'insèrent dans une architecture innovante ou fantaisiste. Ainsi à Marseille, cette maison placée sur la corniche et conçue comme un bateau, dont la porte en fer forgé évoque un gouvernail de bateau, ou cette autre, ouvrant sur un théâtre dans un quartier populaire, qui propose un trompe-l'œil figurant la ville dans des tons bleutés. On sent bien dans cette évolution, qu'on pourrait qualifier d'appauvrissement, la modification des critères d'appréciation liés à l'habitat. Plus que de l'aspect extérieur et de la porte, on s'occupe désormais de l'aménagement intérieur, et les artisans s'intéressent moins à cet élément d'architecture : dorénavant, seules comptent sa solidité et sa sécurité, assurée par des codes ou des interphones.

Le constat est donc assez triste : la poésie des portes n'a pas résisté à la modernité...

1
Ancienne cathédrale d'Arles, l'église romane de Saint-Trophime a vu son cœur et son portail réaménagés à l'époque gothique. La massive porte ornée de

2
ferronneries est entourée de sculptures que Van Gogh qualifiera en arrivant à Arles d'ensemble «cruel, monstrueux, comme un cauchemar chinois ».

3-4
Deux détails des remarquables portes sculptées autour de 1551 par Antoine Vollard pour l'église Saint Pierre, joyau du gothique flamboyant avignonnais.

1 - 2

Arles (Bouches-du-Rhône), Place de la République, XIII-XIVe

Marseille (Bouches-du-Rhône), basilique de Sainte-Marie-Majeure, détail, XIXe

3

Avignon (Vaucluse), église Saint Pierre, autour de 1551

4

Avignon (Vaucluse), église Saint Pierre, autour de 1551

5-6

L'Église Sainte-Victoire est l'un des très rares exemples de gothique flamboyant en Provence. Réalisée plus tardivement, sa porte en bois plein sculpté s'inscrit davantage dans la Renaissance et les débuts du baroque.

5

Simiane-La-Rotonde (Alpes-de-Haute-Provence), église Sainte-Victoire, XVIe

Simiane-La-Rotonde (Alpes-de-Haute-Provence), église Sainte-Victoire, XVIe

7-8

Construit à la fin du XVIe siècle, l'Hôtel Croze de Peyronetti surprend par l'important encadrement de porte à bossages vermiculés. La porte, avec sa guirlande de

7 - 8

feuillages situés dans l'imposte et sur la barre centrale, est également remarquablement ornée.

Aix-en-Provence (Bouches-du-Rhône), 13, rue Aude, XVIe (2ème moitié)

13

Avignon (Vaucluse), XVIIe (1ère moitié)

10

9
Entourée d'un encadrement à bossage d'inspiration italienne, cette porte avignonnaise a conservé, fait rare, sa poignée d'époque.

10
La porte cloutée de cette maison aixoise est probablement l'une des plus vieilles de la ville.

Aix-en-Provence (Bouches-du-Rhône), XVIIe (1ère moitié)

Arles (Bouches-du-Rhône), XVIIe (1ère moitié)

11
Un grand portail à colonnes et fronton encadre la porte de bois sombre sculptée d'une église arlésienne.

12
Au milieu d'une des façades du château de Gordes, un fronton du XVIe siècle surplombe une porte plus tardive.

12

Gordes (Vaucluse), XVIIe (1ère moitié)

13 - 14

13
Cette porte en bois sculpté, surmontée d'un fronton, est typique du village de Simiane-La-Rotonde.

14
Le bois sombre est ici sculpté et élégamment orné de motifs géométriques et floraux. Un heurtoir en forme de main a été ajouté plus tardivement.

Simiane-La-Rotonde (Alpes-de-Haute-Provence), XVIIe

Simiane-La-Rotonde (Alpes-de-Haute-Provence), XVIIe

Villeneuve-lez-Avignon (Vaucluse), 7, place du Chapître, XVIIe

16

15
La porte de cet ancien prieuré de Villeneuve-lez-Avignon, probablement refaite au XIXᵉ, s'inscrit dans un magnifique encadrement de pierre du XVIIᵉ avec fronton.

16
Cette porte modeste mais élégante, probablement datée du XVIIᵉ, ouvre sur l'une des nombreuses vieilles maisons du village de Bonnieux.

Bonnieux (Vaucluse), XVIIᵉ

17 - 18

17
Le centre d'art contemporain de Forcalquier jouit d'une porte XVIIe remarquablement conservée.

18
Il s'agit là d'une étonnante porte dont la conception est probablement un mélange d'éléments très anciens (XVIIe) et d'autres plus récents.

Forcalquier (Alpes-de-Haute-Provence), rue d'Orléans, XVIIe

Roussillon (Vaucluse), XVIIe

MAISON

19
La rue Voltaire, à Bonnieux, abrite quelques-unes des plus vieilles portes du Luberon, à l'instar de cette sobre réalisation.

20
L'hôtel de Roquesaule, dont la façade est classée, a été édifié, comme sa porte à l'ornementation régulière et travaillée, sous Louis XV.

19

Bonnieux (Vaucluse), 7, rue Voltaire, XVIIIe

Aix-en-Provence (Bouches-du-Rhône), 2, rue Thiers, XVIIe

HOTEL
DE VILLE

21-22

Installé depuis le XIVe au pied de la Tour de l'horloge, l'Hôtel de Ville d'Aix-en-Provence fut reconstruit dans la seconde moitié du XVIIe. La conception d'ensemble est l'œuvre de l'architecte Pierre Pavillon, assisté des sculpteurs Jean-Claude Rambot et Jacques Fossé qui se sont inspirés des palais italiens. La massive porte, est ornée de deux lions sculptés et surmontée du blason de la Ville.

21-22

Aix-en-Provence (Bouches-du-Rhône), Place de l'Hôtel de Ville, XVIIe (2ème moitié)

Aix-en-Provence (Bouches-du-Rhône), 38, Cours Mirabeau , XVIIe (autour de 1650)

24

23

Les célèbres atlantes baroques du 38, cours Mirabeau, symbolisant la puissance du commanditaire de l'hôtel Maurel-de-Pontevées, Pierre Maurel, veillent toujours sur les lions de la porte ouvragée. L'hôtel particulier abrite dorénavant le Tribunal de Commerce de la ville.

24

La porte de l'hôtel d'Agut, reconstruit vers 1676, est composée d'un élégant décor de roses. Elle est également encadrée de deux imposants atlantes.

Aix-en-Provence (Bouches-du-Rhône), 2, place des Precheurs, autour de 1676

Simiane-La-Rotonde (Alpes-de-Haute-Provence), XVIIIe (2ème moitié)

26

25

Cette superbe porte en chêne massif a été édifiée, à l'instar de la maison Pellissier des Granges, à la fin du XVIIe siècle. On y découvre un vocabulaire baroque élégant et épuré, que l'on retrouve également sur le portail de pierres.

26

Cette vieille maison de couleur ocre - spécificité du village de Roussillon, a conservé sa porte XVIIIe et n'est pas sans rappeler le baroque du sud de l'Italie.

Roussillon (Vaucluse), Place de la Mairie, XVIIIe (2ème moitié)

27

27
A Roussillon toujours, cette vieille maison, devenue depuis la librairie du village, a conservé son escalier et une porte baroque à un seul battant.

28
Fidèle à l'architecture austère de Forcalquier, cette sobre porte baroque ouvre sur l'une des plus vieilles maisons de la ville.

Roussillon (Vaucluse), Place de la Mairie, XVIIIe (2ème moitié)

Forcalquier (Alpes-de-Haute-Provence), 18, rue d'Orléans, XVIIIe

18

Aix-en-Provence (Bouches-du-Rhône), 12, rue Emeric David, fin XVIIe

29

L'imposte de cette belle porte baroque, donnant sur l'hôtel de Carcès, édifié au début du XVIe, est composée d'un beau décor de feuillage et d'un magnifique buste de faune attribué au sculpteur Toro.

30

Commencée vers 1712, la construction de cette église et de sa porte s'achève en 1750, sous la direction de l'architecte Jean-Ange Brun. On peut admirer l'élégance d'un style dorénavant baroque assagi.

30

Avignon (Vaucluse), Chapelle de l'Oratoire, 32, rue Joseph Vernet, vers 1750

Aix-en-Provence (Bouches-du-Rhône), 65, cours Mirabeau, vers 1650

32

31
Situé en haut du cours Mirabeau, l'hôtel de Montauron, édifié autour de 1650 par la famille de Montauron, offre au passant une porte au vocabulaire ornemental délicat et rythmé.

32
Édifiée sous Louis XV, la porte de l'hôtel de Panisse, dont on voit ici un détail, illustre parfaitement le baroque tardif. Attributs de pouvoir, courbes et végétaux s'entremêlent habilement dans le bois sculpté.

Aix-en-Provence (Bouches-du-Rhône), 12, rue Emeric David, XVIIIe

33

33
Une poudre purgative miracle permit à son inventeur, M. d'Ailhaud, de faire bâtir cet élégant hôtel aixois. Des motifs végétaux se déploient sur sa porte, surmontée d'une gracieuse tête sculptée dans la pierre.

34
Conçu en 1650 pour la famille Grimaldi, cet hôtel fut remanié par les Boyer de Fonscolombes qui le reprirent vers 1740. On peut apercevoir les armoiries des propriétaires sur l'imposte de la porte.

34

Aix-en-Provence (Bouches-du-Rhône), 6, rue Mignet , XVIIIe

Aix-en-Provence (Bouches-du-Rhône), 21, rue Gaston de Saporta, XVIIIe

3

35

36

38

35-37
Mains, poissons, ou encore lions, le style des heurtoirs se diversifie au fil du temps, grâce à l'imagination des architectes et la fantaisie apportée par le baroque.

38
Avec sa porte sculptée, ses sculptures de pierre et sa lanterne, cette petite maison, cachée dans une ruelle de Bonnieux, est l'une des plus charmantes des environs.

Bonnieux (Vaucluse), 5, rue Voltaire, XVIIIe

39

39
Cette petite porte rustique a été habilement parée d'un petit animal gravé dans le bois qui lui confère son cachet.

40
Légèrement délabrée, cette porte émeut néanmoins par sa forme atypique (peut être s'agit-il d'une ancienne échoppe) et sa grande sobriété.

Simiane-La-Rotonde (Alpes-de-Haute-Provence), XIXe

Simiane-La-Rotonde (Alpes-de-Haute-Provence), XIXe

Forcalquier (Alpes-de-Haute-Provence), Place Jeanne d'Arc, XVIIIe

42

41
Située sur une petite place de Forcalquier, cette porte modeste tient notamment son charme de son environnement végétal.

42
A moitié cachée derrière un massif d'arbustes, cette porte à motifs géométriques dialogue agréablement avec la pierre colorée de Roussillon.

43-44 (pages 56-57)
Le propriétaire de cette maison arlésienne a réussi, en jouant sur la couleur et les inscriptions, à donner une nouvelle vie à sa porte d'entrée.

Roussillon (Vaucluse), Place de la Mairie, XVIIIe (2ème moitié)

43

Arles (Bouches-du-Rhône), XIXe

Arles (Bouches-du-Rhône), XIXe

Simiane-La-Rotonde (Alpes-de-Haute-Provence), XIXe

45
Un cœur en guise de judas donne à cette petite porte de village des allures romantiques.

46
De même, quelques plumes de pigeon viennent égayer cette rigoureuse porte de bois clouté.

46

Simiane-La-Rotonde (Alpes-de-Haute-Provence), XIXe

LETTRES

48 

47
Un beau bleu a redonné un peu d'éclat à la porte de cette vieille maison, située dans le petit village de Lourmarin.

48
De même, fond parme et trompe-l'œil en forme de ruban apportent de la gaieté à la porte de cette boutique de décoration.

Lourmarin (Vaucluse), XIXe

Lourmarin (Vaucluse), rue Henri de Savornin, XIXe

Saignon (Vaucluse), église Notre-Dame-de-Pitié, XIVe (2ème moitié)

49-50

L'église Notre-Dame de Pitié, bel édifice de style roman, a été remaniée à la fin du XIVe siècle. Le portail sculpté en bois plein, plus tardif, a été exécuté par un natif de Saignon, le sculpteur Elzéar Sollier, à qui l'on doit également la fontaine avoisinante.

50

Saignon (Vaucluse), église Notre-Dame-de-Pitié, XIVe (2ème moitié)

51

51
Mélange de style néoroman et néobyzantin unique en son genre en France, Sainte-Marie-Majeure, cathédrale de Marseille, comporte entre autres un massif portail en bois néogothique surmonté de mosaïques bleues et or.

52
Édifiée vers 1875 en lieu et place de l'ancienne Citadelle, la chapelle Notre-Dame-de-Provence présente un superbe exemple de porte néogothique.

Marseille (Bouches-du-Rhône), basilique de Sainte-Marie-Majeure, XIXe (2ème moitié)

Forcalquier (Alpes-de-Haute-Provence), chapelle Notre-Dame-de-Provence, XIXe

54

53
Véritable cité administrative, la Préfecture des Bouches-du-Rhône a été édifiée autour de 1850 et achevée vers 1870. De nombreux sculpteurs ont été appelés sur cette importante réalisation Napoléon III depuis classée. On voit ici un détail de la grande porte d'entrée du bâtiment.

54
L'élégant immeuble de la banque de France et sa porte sculptée nichés sur la Place Estrangin Pastré sont l'oeuvre de l'architecte Joseph Letz, autour de 1885.

Marseille (Bouches-du-Rhône), Boulevard Paul Peytral, vers 1870

Marseille (Bouches-du-Rhône), 1, Place Estrangin Pastré, vers 1885

1

55

55
Les motifs art Déco se déploient joyeusement sur les ferronneries de cette porte marseillaise.

56
Des formes telles des arc-en-ciel se répandent sur cette porte aixoise, élaborée dans les règles de l'art Déco.

57 (page 70)
Des ferronneries art Déco aux motifs de vagues et de rayons de soleil ont été développées avec maestria sur cette porte marseillaise du quartier du Prado.

58 (page 71)
Entourée de murs de céramique bleu océan, cette porte en fer forgé sculpté en forme de gouvernail donne à cet immeuble art Déco des allures de paquebot.

Marseille (Bouches-du-Rhône), basilique de Sainte-Marie-Majeure, XIXe s. (2ème moitié).

Aix-en-Provence (Bouches-du-Rhône), 6, rue Thiers, vers 1930.

6

57

Marseille (Bouches-du-Rhône), 54, avenue du Prado, vers 1930

Marseille (Bouches-du-Rhône), 185, corniche Kennedy, vers 1930

59

59
Couleur et bas-relief géométrique apportent de la fantaisie à cette porte de Lourmarin.

60
On trouve également sur cette porte un bas-relief de bois aux formes géométriques qui contraste avec humour avec le pourtour daté du XVIIe.

61 (pages 72-73)
La fantaisie marseillaise trouve toute son expression sur cette porte peinte et taguée, sur laquelle on retrouve l'esprit de la ville, son port, ses monuments.

Lourmarin (Vaucluse), XXe (2ème moitié)

Lourmarin (Vaucluse), XXe (2ème moitié)

Pages suivante : Marseille (Bouches-du-Rhône), 3, Montée du Saint Esprit, XXe

61

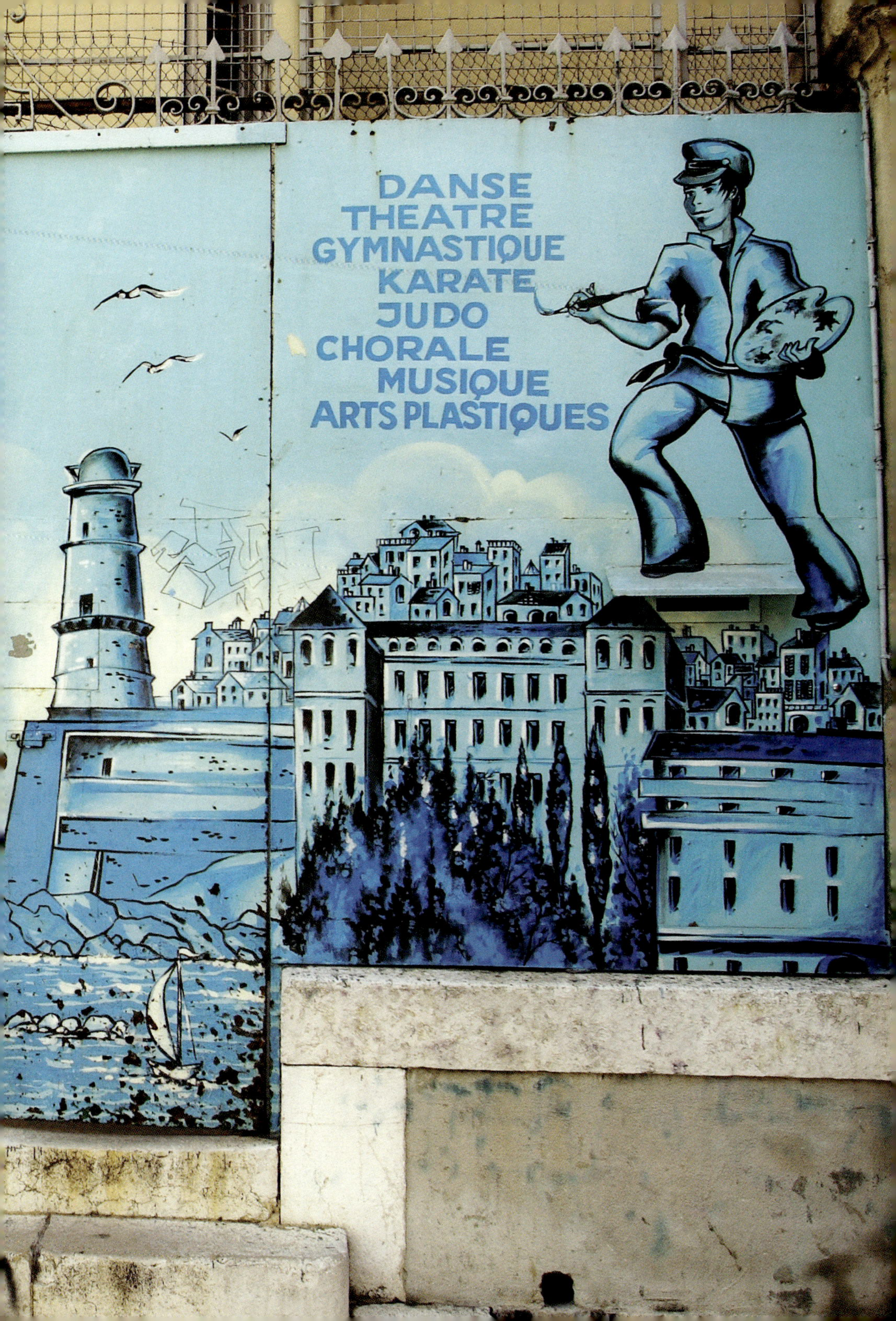
DANSE
THEATRE
GYMNASTIQUE
KARATE
JUDO
CHORALE
MUSIQUE
ARTS PLASTIQUES

62

D'une grande sobriété, cette porte-grille contemporaine ouvre sur l'un des plus vieux sites des Baux-de-Provence.

63

Cet étonnant ouvrage en fer, construit comme un labyrinthe inextricable, apporte à cet immeuble hausmannien une agréable touche d'excentricité.

64

Un majestueux trompe-l'œil a été réalisé sur cette porte de Roussillon, invitant le passant à se perdre dans un paysage rappelant les ruines italiennes du peintre Hubert Robert.

62

Les Baux-de-Provence (Bouches-du-Rhône), Rue Neuve, XXe (2ème moitié)

Marseille (Bouches-du-Rhône), 93, avenue du Prado, XXe (2ème moitié)

Double page suivante : Roussillon (Vaucluse), rue de la Poste

64

Remerciements :

Nous tenons à présenter tous nos remerciements à :
Cécile Febvre
Basile Demnard, David Bordes, Marie-Christine et Georges Febvre

Maquette : Off, Paris
Edition, mise en page : Matthieu Flory
Photographies : Matthieu Flory
Textes : Cécile Febvre
Relectures : Hélène Lassalle-Durand
Photogravure : Delta Color, Nîmes
Impression : Ferré Olsina, Barcelone

Editions Ereme
9, avenue de l'Observatoire
75006 - Paris
editions.ereme@wanadoo.fr